Regina Schrott

NARZ MICH NICHT®

Narzissmus einfach erklärt
und übersichtlich zusammengefasst

Hinweis: In der Revision des ICD-11 fällt ab 1.1.2022 die Diagnose der narzisstischen Persönlichkeitsstörung weg. Es geht - wie im DSM-5 auch schon - um eine funktionale Beziehungsstörung, deren Fokus auf die Fähigkeit zur Empathie und Kooperation gerichtet ist.

In diesem Buch habe ich die Bezeichnung „narzisstische Persönlichkeitsstörung" zum leichteren Verständnis beibehalten.

Für eine liebevolle Welt

Inhalt

Vorbemerkung

Ich bin keine Psychologin. Ich bin zertifizierter systemischer Coach mit Ergänzung Counselor for Process Inquiry, was auf gut Deutsch nichts anderes heißt, dass ich die Fähigkeit habe, meinen Klient*innen sehr schnell und gezielt auf die Sprünge zu helfen, wenn Sie mit einem Problem zu mir kommen. Dabei habe ich mich auf die Lösung des narzisstischen Problems aus der Perspektive der mannigfach Betroffenen spezialisiert.

Aus meiner persönlichen Genervtheit, was narzisstische Spielchen und Mach(t)enschaften angeht, entstand der Slogan Narz mich nicht, der vom Schulhof bis zur Chefetage in Unternehmen, von einem Campingplatz in Westbay an der Südküste Englands bis zu einer Familienfeier in Wien, ja sogar von Kindertagesstätten bis ganz hinauf zum Präsidentensitz und hinüber nach Amerika gilt. Ganz gleich, wo wir das Thema Narzissmus ansprechen und ganz egal, wie klein die angesprochene Gruppe Menschen auch ist: Mindestens eine Person ist betroffen oder leidet sogar unter einer Narzisstin oder einem Narzissten. (mein Lebenspartner Henning Glasmacher ist ein wichtiger Teil von diesem Wir, da er mich unfassbar unterstützt und auf meinem Weg begleitet)

Natürlich weiß ich um die Gesetze der Anziehung ;-) und ganz klar ist das MEIN Thema. Umso mehr mache ich es mit Freude zu meiner Mission, auch und vor allem um für mehr Empathie und gegenseitige Achtung in unserer Gesellschaft zu kämpfen. Mein weiterer Antrieb ist simpel: ich verwandle blöde gerne in erfreuliche Situationen.

Wenn ich mein Erlebtes teile, macht es einen größeren Sinn und es ist schön, wenn ich damit Menschen helfen kann.

Narzisstischer Missbrauch begleitet mich fast schon mein ganzes Leben. Das fing bereits in meiner Kindheit an und wiederholte sich sowohl in Paarbeziehungen, in der Schule, im Studium als auch in der Arbeit. Und das sowohl als Schauspielerin und Regisseurin als auch im Wirtschaftsbereich auf Führungsebene des weltgrößten Logistikunternehmens. Zu viele Jahre war ich mit Narzisst*innen zusammen. Aus einer dieser Beziehungen entstand sogar ein Kind. Es sei unbedingt erwähnt: Ein ganz tolles Kind!

Die tieferen Zusammenhänge und Mechanismen von Narzissmus habe ich allerdings erst Anfang 2019 durch einen Zufall begriffen. Es fiel mir ein Buch von Suzanne Grieger-Langer in die Hände, mit dem Titel „Die Tricks der Trickser" und ich verschlang es in nur drei Stunden gleich zwei Mal hinter einander. Ich konnte nicht fassen, was darin über meine eigene Beziehung zu Narzissmus stand. Ich war im wahrsten Sinn des Wortes geflasht. Da stand die Erklärung für mein jahrelanges Dilemma. Endlich hatte der Horror einen Namen. Ich war so erleichtert, dass ich mir direkt ein Tattoo auf mein Handgelenk stechen ließ mit den Worten: *Alles ist gut*. Natürlich muss sich das jetzt seltsam für Sie lesen. Für mich war es ein Meilenstein in meinem Leben. Ich habe die Überzeugung, dass einem nichts „zufällig" passiert. Alles ist gut, weil es ja sonst anders wäre.

Also krempelte ich mir mit meiner neuen Erkenntnis die Ärmel hoch und machte mich zusammen mit meinem Lebenspartner auf die Suche nach Hilfe und Austausch.

Neunzig Tage postete ich als Challenge täglich etwas über Narzissmus, um herauszufinden, wer noch so alles betroffen ist und: Wo könnte man Hilfe finden? Dabei entstand ganz von selbst die kleine Figur mit der Narzisse, die auch in diesem Buch und in unserem Kinderbuch über Narzissmus, auf unserer Website, bei Seminaren und Vorträgen meine Arbeit begleitet.

Bereits sehr schnell nach Start meiner Challenge am 24.1.2019 stellte ich fest, dass es einerseits erschreckend viele Menschen gibt, die sich durch meine Posts angesprochen fühlen und darüber ins Begreifen kommen: Es gibt andererseits auch einige Alleinkämpfer*innen, aber kein Netzwerk, keinen Dreh- und Angelpunkt, wo es einem möglich wäre, Hilfe und Wissen kompakt und länderübergreifend zu finden.

Aus dieser Not heraus arbeitete ich ein Jahr sehr akribisch daran, diesen Zustand für alle direkt und indirekt betroffenen Menschen in Deutschland, Österreich, der Schweiz und Liechtenstein zu ändern. Ich las so ziemlich alles, was es bis dato am Buchmarkt über das Thema zu finden gab, traf mich mit Ärzten, Psychologen und Therapeuten und Juristen und führte zig Gespräche mit Betroffenen. Auch besuchte ich die wenig vorhandenen Selbsthilfegruppen und recherchierte natürlich auch auf Social Media. Am 13. November 2019 war es soweit: Wir hielten wir unseren ersten öffentlichen Vortrag in der VHS in Köln und waren überwältigt von der Resonanz. Der größte Saal der VHS war übervoll und unsere darauffolgenden Seminare dreihundertprozentig überbucht. Da wussten wir, dass unsere Arbeit nicht umsonst war – leider. Leider für unsere Gesellschaft.

Durch diese Arbeit und meine persönliche Betroffenheit mit dem Thema Narzissmus und meine unterschiedlichen Ausbildungen bin ich mittlerweile Expertin für narzisstischen Missbrauch aus innerer und äußerer Sicht Ich fungiere auch als Beraterin für Unternehmern, Privatpersonen, Anwälte, Richter und Erziehungsbeauftragte. Aber- und das ist mir wichtig, noch einmal explizit zu erwähnen: Ich bin keine Ärztin und keine Wissenschaftlerin und dieses Buch tut auch nicht so, als wäre es mehr, als es ist. Ich bin eine engagierte Bürgerin, der diese unsere Gesellschaft am Herzen liegt. Ich mache das, weil es mir persönlich wichtig ist und weil ich meinem Mentor Peter Turrini zustimme, der in seiner Festrede 2018 sagte, *dass nicht die Ozonlöcher, sondern die Arschlöcher das Problem unserer Zeit sind.*

Dieses Buch ist auf Grund des Wunsches von Teilnehmer*innen unserer Vorträge und Seminare entstanden. Die Fülle der dort vermittelten Inhalte sprengte den Rahmen und ich redete tatsächlich ziemlich schnell, um möglichst all mein gesammeltes Wissen und meine Erfahrungen in der vorgegebenen Zeit unterzubringen. Mit dieser Lektüre sind Sie jetzt in der Lage, Ihr eigenes Tempo der Aufnahme der Informationen zu bestimmen.

Hier nun das Buch zum Nachlesen und Verinnerlichen.

Ich wünsche Ihnen von Herzen die Erkenntnisse, die Sie brauchen, um selbstverantwortlich ein glückliches Leben zu führen und nicht zuletzt, damit auch Sie Ihren persönlichen Teil für mehr Empathie in unserer Gesellschaft beitragen können. Und deshalb: Narz mich nicht – ich bin kein Echo!

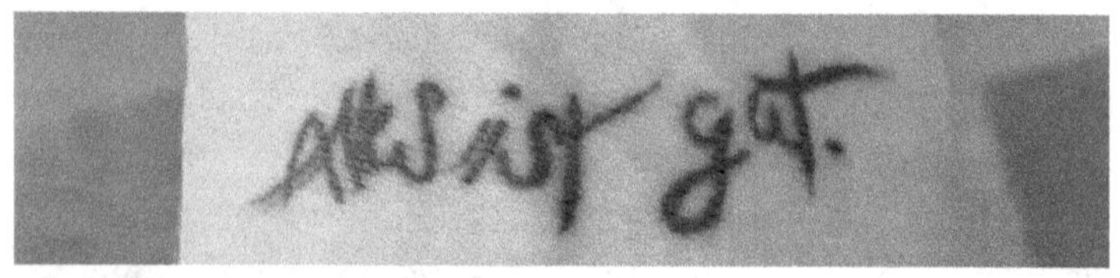

Begriffserklärung

Nazismus

Dieses Wort hat mit Narzissmus nichts zu tun, führt aber oft zu missverständlichen Verwechslungen, sogar vor Gericht. Nazismus ist die umgangssprachliche Kurzform für den Begriff Nationalsozialismus und wurde wahrscheinlich ab 1933 erstmals verwendet.

Narzisst*innen

Darunter versteht man in der Alltagspsychologie Menschen, die sich selbst in Bezug auf den Rest der Menschheit wertvoller und besser darstellen als sie es in einer von außen wahrgenommenen Realität tatsächlich sind. Narzisst*innen haben oft ein überhöhtes Selbstbild, leiden andererseits aber unter einem extrem niedrigen Selbstwert. Um diesen zu kompensieren und sich nicht mit ihm auseinander setzen zu müssen, neigen Narzisst*innen dazu, von ihren Defiziten abzulenken, indem sie andere Menschen schlecht dastehen lassen. Narzisst*innen agieren meist egoistisch und es fehlt ihnen an emotionaler Intelligenz, das heißt, sie können sich nur schwer bis gar nicht in die Bedürfnisse anderer Menschen hineinversetzen. Ihre eigenen Bedürfnisse stehen immer im Vordergrund. Wenn sie etwas für andere Menschen tun, dann selten bis nie ohne Eigennutz.

Da sich Narzisst*innen nicht selbstreflektieren können und wollen, fällt es ihnen schwer, mit Kritik umzugehen. Selbst wenn die Kritik angebracht ist, werden geschickte Narzisst*innen es immer so drehen, dass der oder die Kritikerin selbst die Schuld an ihrer Ansicht trägt.

In der griechischen Mythologie wird vom Halbgott Narziss erzählt, der selbstverliebt durch Wald und Fluren strich und von allen Wesen ob seiner Schönheit bewundert wurde. Er war so sehr von sich eingenommen, dass er die Liebe, die ihm entgegengebracht wurde, gönnend wahrnahm, aber nie erwiderte. Die Nymphe Echo (zu ihr komme ich noch) verliebte sich unsterblich in Narziss und machte alles für ihn. Aber auch ihr zollte er weder Respekt noch Achtung. Er benutzte sie nur (Randbemerkung: und sie ließ sich benutzen). Schließlich erstarrte Echo zu Stein und die Götter bestraften Narziss für seine Härte und Arroganz. Als Narziss eines Tages sein Spiegelbild im Wasser sah, verliebte er sich abgöttisch in sich selbst. Da er das Bild im Wasser aber nicht berühren konnte, ohne dass es sich verzerrte und weil das Wasserbild Narziss' Liebe auch nicht erwiderte, stürzte er sich vor Verzweiflung in den See, starb und wurde zu einer Narzisse.

C. G. Jung – Begründer der analytischen Psychologie – korrigierte die noch unter Siegmund Freud angenommene Betrachtung, dass Narzisst*innen selbstverliebt wären. Nach C. G. Jung handelt es sich mehr um Selbsthass. Denn Liebe ist nur im Miteinander, nur im Austausch der Liebe mindestens zweier Menschen möglich. Anders ausgedrückt, wie es auch in der Bibel zu finden ist: „Liebe deinen Nächsten wie dich selbst." Wenn man nicht in der Lage ist, sich selbst zu lieben, kann man auch niemand anderen lieben bzw. im Umkehrschluss: Wenn man andere hasst, hasst man sich selbst. Deshalb sprach C. G. Jung in Bezug auf Narzisst*innen von Selbsthass und nicht von Selbstliebe. Ich teile seine Meinung.

Echoist*innen

Dabei handelt es sich, zurückgeführt auf die antike Sage von Narziss und Echo, um Menschen, die sich ganz in einer anderen Person verlieren und völlig in deren Bedürfniserfüllung aufgehen. Man spricht in Zusammenhang mit Narzissmus auch von Co-Abhängigkeit. So wie Narzisst*innen haben auch Echoist*innen einen niedrigen Selbstwert. Anders als Narzisst*innen aber kompensieren sie diesen nicht, indem sie andere schlechtmachen. Im Gegenteil, sie erhöhen diese und machen sich selbst schlecht oder lassen zumindest zu, dass die Schlechtmachung durch eine Narzisstin oder einen Narzissten ihre Person betreffend gerechtfertigt ist. Wie eine Motte um das Licht, kreisen sie um die Narzisst*innen und geben sich und ihre Bedürfnisse dabei selbst auf.

Echoist*innen sind zum Echo eines anderen Menschen geworden. Sie sind größtenteils unfähig, eigene Meinungen oder Gefühle auszudrücken, weil sie sich die meiste Zeit ihres Lebens mit ihrem narzisstischen Partner beschäftigen. Nur wenn dieser glücklich ist (und das ist beim

Narzisst*innen ein Fass ohne Boden) sind sie es auch oder reden sich ein, es zu sein. Oft hört man dann die seufzenden Worte: „Ich bin nur glücklich, wenn er/sie es ist."

Auch von Echoist*innen geht eine gesellschaftliche Gefahr aus, da ihr Verzicht auf autarke Selbstverantwortung mit einem Rückzug aus der sozialen Verantwortung für mehr Empathie und Wertschätzung einhergeht. Echoist*innen fördern durch ihr destruktiv dienendes Verhalten den Nährboden für Manipulation und Hass.

Toxische Beziehung

Toxisch bedeutet giftig. Die Beziehung zwischen Narzisst*innen und Echoist*innen ist giftig und das Umfeld der beiden ist es auch. Deshalb meidet man diese Paare lieber, als dass man sie gerne und unkompliziert zu sich nach Hause einlädt. Toxische Beziehungen sind geprägt von Demütigungen und psychischen Machtspielen.

Besonders schlimm ist es, wenn aus einer solch toxischen Beziehung Kinder hervorgehen, denn diese werden ahnungslos und unvorbereitet in ein narzisstisch-echoistisches Schlachtfeld geboren, das missbräuchlich und ungesund ist. Kinder aus solchen Beziehungen bekommen von klein auf Manipulation und Missbrauch mit. Entweder werden sie als erwachsene Menschen ebenfalls missbrauchen und manipulieren, weil ihnen mit diesen Werkzeugen eine Art Erfolgsprogramm des narzisstischen Elternteils mitgegeben wurde oder aber sie vertrauen niemandem, weil sie sich mehr am Leid des echoistischen Elternteils orientieren.

Narzisstische Kränkung

Anders als bei „normal sozial" integrierten Menschen, bedeutet für einen Narzissten der Verlust von etwas „Großem" wie zum Beispiel seiner Arbeitsstelle und seinem Ehe- oder Lebenspartner einen so massiven Einschnitt in seinem Leben, dass dieser Verlust einem persönlichen Tsunami oder der so etwas wie der "Schlacht um Verdun" gleichkommt. Durch den Wegfall einer - wenn nicht sogar der einzigen - Definitionsquelle der eigenen Persönlichkeit verlieren Narzisst*innen, ähnlich wie Narziss, ihr verzerrtes Spiegelbild im See und damit jeden Halt. Das kann im schlimmsten Fall zu Mord oder Selbstmord und auf alle Fälle zu einer schier unkontrollierbaren Welle an Hass gegen das verlorene „Objekt" und wie in der ‚Unendlichen Geschichte' (Michael Ende) zu einem immer größer werdenden Nichts führen.

Begriffsdifferenzierung

Es gibt unterschiedliche Ausprägungen von Narzissmus. So spricht man auch von einem positiven Narzissmus, der mit dem gesunden Egoismus gleichzusetzen ist. Die meisten Menschen legen dann und wann ein narzisstisches Verhalten an den Tag, wenn es zum Erreichen ihrer vermeintlich wichtigen Ziele notwendig ist oder sie stellen sich gerne auf öffentlichen Plattformen mit Selfies besser dar, als es tatsächlich der Wahrheit entspricht. Im Rahmen gehalten, und solange dadurch niemandem ein Schaden entsteht, ist das okay.

Ich erzähle gerne die Geschichte um das letzte Kuchenstück bei einer Geburtstagsfeier eines Freundes. Nach einem ganzen Arbeitstag ohne Pause und völlig unterzuckert stürzt man sich, zu spät kommend, auf das letzte Stück der Geburtstagstorte. Erst nach dem Verzehr - oder vielleicht schon währenddessen- wird einem das egoistische Verhalten bewusst und man entschuldigt sich beim Gastgeber.

Ein negativer Narzisst wird seine Unhöflichkeit nicht einmal registrieren, sondern davon ausgehen, dass selbstverständlich immer ER das letzte Kuchenstück zu bekommen hat. Darüber hinaus ist es aus seiner Sicht eine Unverschämtheit, dass nur noch eines für ihn übriggelassen wurde, wo doch dem Gastgeber klar sein hätte müssen, dass er einen schweren Arbeitstag hinter sich hat und hungrig auf Kuchen ist. Es wäre auch nicht ausgeschlossen – und kommt oft genug vor – dass der Narzisst aufgrund dessen einen Streit anfängt. Damit ist die Aufmerksamkeit weg vom Geburtstagskind und voll beim störenden Narzissten- und die gute Laune der Feiernden dahin.

Der Narzisst hat sein Ziel erreicht. Je mehr Ärger er auslöst, je mehr Traurigkeit, umso größer seine Genugtuung, denn Glück ist ein nicht akzeptabler Zustand für Narzissten und besonders unerträglich, wenn es scheinbar auf seine Kosten geschieht: die anderen sind glücklich, weil sie genug Kuchen hatten, weshalb für ihn nicht genug übrigblieb.

Während man sich über so einen negativen Narzissten ärgern kann und aus der Erfahrung mit ihm seine Konsequenzen zieht, das heißt sich damit entweder arrangiert oder ihn einfach nicht mehr einlädt, sind Soziopathen und Psychopathen ganz andere Kaliber.

Soziopath*innen

Dieser Menschenschlag ist nicht nur konsequent negativ und manipulativ, er neigt auch zu Verantwortungslosigkeit, unwillkürlichen Stimmungsschwankungen und Destruktivität.

Wenn ein Halbgott Narziss noch zum See ging, um selig sein Spiegelbild zu betrachten, benötigt ein Soziopath ein Solches nicht. Er weiß, dass er der Beste, Schönste und Genialste ist.

Die Bestätigung durch irgendein Abbild seiner selbst ist folglich überflüssig.

Soziopath*innen führen meist keine langen Beziehungen (außer mit Echoist*innen) und Freunde brauchen sie nur, solange sie von Nutzen sind. Diese werden auch nur phrasenhaft als solche bezeichnet. Ihr Verhalten ist extrem subtil und raffiniert, und es ist daher schwierig, sie in unserer zunehmend egoistischen Ellbogengesellschaft zu identifizieren. Soziopathen neigen zu unwillkürlichen Stimmungsschwankungen und können innerhalb von dreißig Sekunden bis zu fünf Mal ihre Emotionen wechseln. Ein recht auffälliges Verhalten, das beim Gegenüber immer zu Irritation führt und schlecht einzuordnen ist. Weil es so irre ist, sucht man den Knick in der Optik bei sich selbst, nach dem Motto: so komisch kann doch niemand sein.

Soziopath*innen können sich dem System, sei es unser Rechtssystem oder unser Gesellschaftssystem, dennoch gut anpassen und es sogar perfekt für ihre manipulativen Zwecke nutzen. Sie sind linientreu. Wenn sie zum Beispiel in einem Rechtsstreit zu weit gegangen sind, lassen sie sich von ihren Anwälten notwendigerweise gerne zurechtweisen, um den schmalen Grat zum Gesetzesverstoß nicht zu übertreten. Ihre Haut zu retten, ist ihnen schlussendlich doch noch wichtig genug. Ich bezeichne sie als instinkt-manipulativ.

Psychopath*innen

Diese Menschen sind explosiv und höchst gefährlich. Ihre Frustrationsgrenze ist wesentlich niedriger als bei Soziopath*innen und sie pfeifen auch auf Recht und Ordnung, sogar auf ihr eigenes Leben, das sie in gewisser Weise schon abgeschlossen haben. Aus ihrer sehr eingeschränkten, weil alternativlosen Perspektive schneiden sie im Vergleich mit dem Rest der Menschheit sowieso immer schlecht ab. Deshalb behandeln sie „den Rest" auch als solchen.

Ihr Verhalten ist nicht steuerbar, weshalb sie oft mit dem Gesetz in Konflikt geraten. Das geht ihnen aber komplett am Allerwertesten vorbei. Sie sind weder raffiniert noch subtil. Psychopath*innen können Amok laufen, und das Leben und die Bedürfnisse anderer Menschen sind ihnen genauso egal wie der Dreck unter ihren Fingernägeln.

Negativnarzisst*innen, Soziopath*innen und Psychopath*innen gemeinsam sind folgende drei Eigenschaften:

1. Ein mangelndes Unrechtsempfinden

2. Eine mangelnde soziale Intelligenz

3. Das notorische Lügen (sie können gar nicht anders, und in ihrer Realität gilt nur ihre Wahrheit.

Folglich sind ihre Lügen aus ihrer Sicht keine Lügen, sondern alle anderen lügen)

„Irgendwie komisch …“

Ganz gleich, ob ich mich mit Kindern oder Erwachsene unterhalte, immer wieder taucht als Beschreibung für narzisstisches Verhalten und eine narzisstische Persönlichkeit das Wort komisch auf, meistens gepaart mit einem tiefen Seufzer.

„Ach ja, die ist ein bisschen komisch.“ Oder „Ach, mit dem ist alles irgendwie komisch.“ Oder „Komisch ist das alles, was der schreibt oder sagt.“

Menschen, für die ein sozialer Umgang mit anderen Personen selbstverständlich ist, auch so etwas wie Bitte und Danke oder während eines Gesprächs nicht einfach aufzustehen und kommentarlos den Raum zu verlassen, fehlt das Verständnis für ein solches Verhalten. Man kann schon einmal schlecht drauf sein, aber wenn man immer so ist, stimmt etwas nicht.

Dieses dissoziale Verhalten der Narzissten, das sich auch durch schnelle Stimmungs- und Themenwechsel auszeichnet, ist damit nie wirklich greifbar. Es ist nicht vergleichbar mit dem üblicherweise gelebten zwischenmenschlichen, sozialen Miteinander. „Normale“ Menschen verfügen über einen gesunden **Empathiewillen**. Sie handeln nach ihrer emotionalen Intelligenz und weisen meist eine positive Sozialisierung durch eine gute Erziehung auf.

Narzissmus verstehen gleicht dem Erlernen einer Fremdsprache, nur, dass es bis dato noch kein offizielles

Wörterbuch dafür gibt. Für den sozialen „Rest" der Welt ist es eine Zumutung, die Sprache dunkler Triaden erlernen zu müssen, um mit ihnen dennoch nicht leben zu können. Narzissmus für Dummies. Ich gebe diese Idee dem Universum frei, weil ich Schöneres zu tun habe, als mich damit zu beschäftigen

Die Narzisse

Narzissmus ist nichts Geschlechtsspezifisches. Frauen wie Männer können narzisstisch sein, auch wenn die Ausprägungen unterschiedlich sind. Im Zuge meiner Auseinandersetzung mit Narzissmus habe ich mich entschieden, statt Narzissten und Narzisstinnen, Narzissen zu sagen und zu schreiben. Zum einen vereinfacht es das reden darüber, zum anderen sind die Parallelen in der toxischen Wirkung zwischen Narzisst*innen und der Narzisse als Blume frappierend.

Als Schnittblume sondert die Narzisse einen giftigen Schleim aus, der für andere Pflanzen giftig (toxisch) ist. Man muss Tricks anwenden, um Narzissen mit anderen Blumen zusammen in eine Vase stellen zu können, wenn man nicht möchte, dass alle anderen Schnittblumen sofort die Köpfe hängen lassen.

Auch für die menschliche Haut ist der Saft von Narzissen giftig und löst Reizreaktionen aus. Der Verzehr von Narzissen führt bei Menschen zu Schweißausbrüchen und Übelkeit, was Erbrechen und Durchfall bedingen kann. Wenn größere Mengen von Narzissen eingenommen werden, kann es sogar zu Herzrhythmusstörungen und Lähmungserscheinungen mit anschließendem Kollaps kommen.

Für Tiere und Kleinkinder kann der Verzehr von Narzissen tödlich sein. (Quelle: Heimgarten) weiterer Folge schreibe ich nur noch über Narzissen und Sie wissen jetzt, was ich damit meine.

Aufbau einer Narzisse

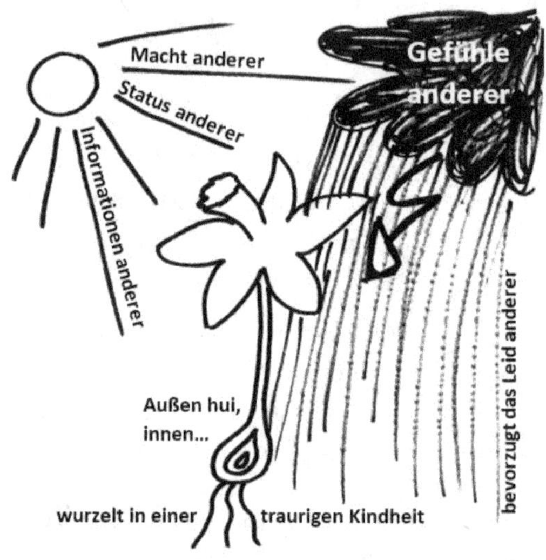

Eine Narzisse lebt von den Gefühlen anderer Menschen. Sie hat sich selbst von ihren eigenen Gefühlen abgeschnitten oder möchte sich lieber nicht mit ihnen beschäftigen, weil sie zur Selbstreflexion nicht fähig oder willens ist.

Dazu kommt noch, dass Narzissen mit dem Glücklichsein nichts anfangen können. Sie sind so gut wie nie glücklich. Wenn sie aber das Glück anderer Menschen wittern, fühlen sie sich durch dieses persönlich angegriffen. Im Vergleich mit glücklichen Menschen schneiden sie in ihrer Realität immer schlecht ab. Das ist für eine Narzisse nicht zu tolerieren. Folglich ist es für sie gut, wenn es anderen schlecht geht und am besten, wenn es anderen wesentlich schlechter geht als ihnen. Je trauriger und verzweifelter die anderen sind, umso besser geht es der Narzisse. Ist sie auch noch Auslöser für das Leid anderer Menschen, gewinnt die Narzisse die Oberhand und kommt erst so richtig in Fahrt.

Nur von negativen Gefühlen und Tränen alleine kann selbst eine Narzisse nicht leben. Sie braucht zum Ausgleich die Sonne. Da es ihr nicht möglich ist, aus eigener Kraft zu strahlen, benötigt sie auch dafür wieder die Anderen. Energie ziehen Narzissen im übertragenen Sinn von der Macht und dem Status, also der gesellschaftlichen Position anderer und von den Informationen, die sie über andere sammeln. Selbstverständlich benützt eine Narzisse all das dann für sich selbst. Sie tut in Folge gerne so, als käme der daraus resultierende Erfolg von ihr selbst.

Gerade bei ganz besonders strahlenden, oft sehr charismatischen Narzissen gilt das Sprichwort: außen hui, innen pfui. Dabei ist es egal, ob es sich um eine erfolgreiche oder erfolglose Narzisse handelt. Täuschung und Blenden ist alles, um von sich abzulenken.

Das innerliche Pfui ist das unfassbar geringe Selbstwertgefühl der Narzisse, das nicht vorhandene (Selbst)Vertrauen und die permanente Angst, zu versagen. Wenn das mühsam aufgebaute Scheingebilde in sich zusammenbricht; wenn all die vielen Rollen auffliegt, die eine Narzisse vor jedem Menschen immer wechselnd anders spielt, wenn der Krampf und Energieaufwand, den diese Menschen permanent im Grunde auch gegen sich selbst aufbringen müssen, umsonst war, dann bleibt ein seelisches Wrack übrig, das in einer traurigen Kindheit wurzelt, in dem die Narzisse viel zu wenig bis gar nicht um ihrer selbst wahrgenommen und geliebt wurde.

Psyche einer Narzisse

Was steckt eigentlich hinter dem grandiosen Selbstbild einer Narzisse, gepaart mit einem labilen Selbstwert? Wieso richtet sich der Fokus einer Narzisse fast ausschließlich auf ihre eigenen selbst kreierten Bedürfnisse (das wahre Bedürfnis ist dermaßen tief in ihr verbarrikadiert, dass ihr jeglicher Zugang dazu fehlt) und alle anderen Menschen spielen für sie eine untergeordnete Rolle? Wieso führen Narzissen keine echten, auf Liebe und Glück basierenden Beziehungen und Freundschaften, sondern lediglich Zweckbekanntschaften?

Die Antwort ist so bitter wie logisch. Narzissen wurden in ihrer Kindheit nie um ihrer selbst willen geliebt. Ihr Wert wurde über Leistung definiert. Sie genügten als Mensch nicht oder ihre Geburt war Mittel zum Zweck, z.B. einer erzwungenen Ehe oder auch, um in einem Land bleiben zu dürfen. Ihre ganze Existenz ist eine lieblose und zutiefst traurige, was ihren Missbrauch an anderen Menschen keinesfalls rechtfertig. Es versucht nur, die Situation verständlicher zu machen. (Liebe Empathen und Echoisten: selbstverständlich ist hier der richtige Moment, Mitleid zu empfinden und einmal mehr einzuknicken, weil es leichter ist, sich um andere als um sich selbst zu kümmern, aber … bitte nicht! So endet der narzisstisch-echoistische Teufelskreis nämlich nie.)

Gerne bezeichne ich die Narzissen in Klientengesprächen auch fast liebevoll als Narzissenwürstchen. Das nimmt ihnen den Schrecken und die Macht.

Für Betroffenen ist es leichter, über das Lachen oder wenigsten Schmunzeln wieder ins Tun für die eigenen Bedürfnisse zu kommen.

Interessant ist auch die Unterscheidung zwischen erfolgreicher und erfolgloser Narzisse (Peter Pan Narzisse).

Ich gehe an dieser Stelle darauf ein:

Erfolgreiche Narzissen sind Menschen, die wahnsinnig leistungsorientiert und -stark sind. Sie fordern von sich und ihren Mitarbeitern alles bis zuletzt. Ihnen verdanken wir eine erfolgreiche Wirtschaft in Deutschland. Auch das Showbusiness lebt sehr von solchen Menschen. Läuft einmal etwas nicht rund oder wird ein Auftrag nicht schnell genug fertig (meistens hätte dieser aus narzisstischem Ehrgeiz heraus sowieso schon vorgestern fertig sein sollen) dann sind selbstverständlich die Mitarbeiter, Angestellten oder der idiotische Kollege Schuld. Dementsprechend bekommen auch alle ihr Fett ab.

Erfolglose Narzissen hingegen leben mit dem verzerrten Selbstbild durch die Welt (bzw. verbarrikadieren sie sich meist zu Hause hinter ihrem Computer) dass sie die besten und tollsten Manager, Anwälte, Schauspieler, etc. geworden wären, wenn sie nicht so schrecklich dumme Eltern gehabt oder Freunde, die sie an ihrem Erfolg gehindert hätten. In jedem Fall sind selbstverständlich die Anderen schuld! Eine Narzisse, ob erfolgreich oder erfolglos, scheitert nie! Wohl gemerkt, nur in ihrer eigenen selbst zusammengelogenen Realität nicht.

Wissenschaftlich betrachtet

Die Wissenschaft befindet sich im Bereich der Persönlichkeitsstörung noch in den Kinderschuhen. Das Spezialgebiet der narzisstischen Persönlichkeitsstörung ist dabei auch noch zu allem Überdruss am wenigsten erforscht.

Das DSM5 (diagnostische und statistische Leitfaden psychischer Störungen) aus Amerika, das für die ganze Welt richtungsweisend ist, kategorisiert neun diagnostische Merkmale und macht damit eine kategoriale Grenzziehung, bis wann man von einem narzisstischen Verhalten und ab wann man von einer Störung spricht. Diese Grenzmarke liegt bei fünf von insgesamt neun Merkmalen. Weist der Patient fünf dieser Merkmale auf, ist er oder sie in meinem Sprachduktus eine Narzisse. Je mehr Merkmale, umso höher ist die Ausprägung.

Ob Narzissmus genetisch vererbbar ist oder „nur" anerzogen wird, auch das ist noch nicht wirklich erforscht. Es gibt darüber auch noch keine veröffentlichten Statistiken.

Die Zahl der Menschen mit einer narzisstischen Persönlichkeitsstörung in Deutschland liegt bei 1 bis 2 Prozent. In Österreich und der Schweiz ist die Zahl ähnlich. Allerdings sprechen wir hier nur von der offiziellen und bekannten Zahl an Menschen.

Da Narzissen nicht zur Selbstreflexion fähig sind, geht nur ein Bruchteil zum Arzt und wenn, dann in den seltensten Fällen aus eigenem Ermessen. Sätze wie: „Ich bin nur in Therapie, weil meine Frau es wollte." oder „Ich bin nur hier, weil die anderen ein Problem mit mir haben." bestätigen die Schwierigkeit, eine annähernd richtige Einschätzung der Anzahl an Narzissen in unserer Bevölkerung ausfindig zu machen.

Möglicherweise wäre es sinnvoll, über die verheerend große Anzahl an Echoisten und Echoistinnen, die sich in Therapie befinden, die Anzahl der Narzissen zu ermitteln. Auch das gebe ich offenherzig als Idee ans Universum ab. Ich habe die Hoffnung, dass endlich jemand sich meiner Idee annimmt.

Typische Interessen einer Narzisse

Wenn auch die Manipulationstechniken einer Narzisse, zu denen wir später noch kommen, sehr subtil sein können, ihre typischen Interessen sind es nicht. Einer Narzisse geht es zu 95% der Fälle um Macht, Geld und Information, wobei diese Reihenfolge auch gleichzeitig Rangfolge ist. Macht bedeutet Kontrolle. Wenn eine Narzisse die Kontrolle über eine Situation und ihre Mitmenschen hat, fühlt sie sich sicher. Da sie nie aus sich heraus Sicherheit empfindet, sorgt sie für Chaos im Außen. Da sie das Chaos verursacht hat, obliegt ihr die Kontrolle darüber und das bedeutet Macht.

Geld kann ebenfalls als Machtmittel benutzt werden. Gerade in Scheidungskriegen mit Narzissen ist Geld ein beliebtes Manipulationsmittel, die Daumenschrauben des Expartners noch fester zu drehen. Geld ist allerdings gerade bei Scheidung auch ein Thema von „normal sozialen" Menschen. Ziehen Sie alleine deswegen bitte keine voreiligen Schlüsse. Nicht jeder Mensch, der überzogene oder ungerechte Geldansprüche stellt, ist eine Narzisse. Haben Sie es aber mit einer Narzisse zu tun, können Sie davon ausgehen, dass Geld eine gravierende Rolle spielt.

Informationen sind für Narzissen die notwendige Quelle, um Macht auszuüben und Chaos zu stiften. Da sie nicht überall und allerorts gleichzeitig sein können, helfen ihnen sogenannte Informanten wie z.B. Nachbarn oder aufgestachelte oder infizierte Familienmitglieder. Aber auch das Internet ist eine hervorragende Quelle, um an fast jede Information heranzukommen. Die erlangten Informationen werden von Narzissen fein säuberlich aufbereitet und geschickt verdreht, dass sie für sie selbst von Nutzen sind.

Stalken ist ein bewährtes Mittel von Narzissen. In den meisten Fällen meiner Klienten wurden Smartphones und Computer mit versteckten Überwachungsmaßnahmen ausgestattet. Selbst, wenn Sie sich noch sicher sind, dass Ihnen so etwas niemals passiert, seien Sie auf der Hut.

Die typische Frage, die sich eine Narzisse sofort stellt, wenn Sie sie gerade kennen lernt:

1. **ICH** habe 2. Welchen **Nutzen** 3. Durch dich?

Sie können sich demnach kurz freuen, wenn Sie eine Narzisse in ihr Visier nimmt, denn Sie müssen mindestens einen interessanten Pluspunkt für sie haben, Macht, Geld oder Informationen- und im allerbesten Fall für die Narzisse – alles zusammen. Dann sind Sie ein Jackpot. Wenn Sie dann noch sehr empathisch sind und zu Echoismus neigen, sind Sie verloren.

Am besten hauen Sie direkt ab, bevor die narzisstische Falle zuschnappt und Sie Jahre brauchen, sich aus diesem Spinnennetz wieder zu befreien!

Werkzeuge einer Narzisse

Der „rote Raum" von Narzissen oder der Werkzeugkasten der Manipulation ist immer gleich und umfasst folgendes Waffenarsenal:

Lovebombing

Ganz gleich, ob beruflich oder privat, am Anfang wird Ihnen eine Narzisse die allerschönsten Dinge sagen und schreiben, die Sie sich immer gewünscht haben. Wieso? Weil Sie in einem völlig verklärten Moment freizügig und offenherzig Ihre Geheimnisse und sehnlichsten Wünsche ausgeplaudert haben. Narzissen können gezielte Frag   o stellen, dass Sie sich umworben fühlen. In Wahrheit ist das die notwendige Vorstufe zum Lovebombing und ähnelt von außen betrachtet mehr einem Verhör.

Hat die Narzisse den tiefsten Kern Ihrer Sehnsüchte ausfindig gemacht, fängt sie wie eine Spinne an, Sie zum Umgarnen. Sie haben das Gefühl, der Mensch Ihnen gegenüber kann Ihnen tatsächlich ALLES von den Augen ablesen. Pustekuchen! Sie haben es ihm am Serviertablett präsentiert.

Meist haben es Narzissen erstaunlich eilig, Verträge zu unterschreiben oder Sie zu ehelichen. Und da Sie so wunderschöne Worte noch nie in dieser Intensität und Quantität gehört haben, schlagen Sie direkt ein und zu. So schnell können Sie gar nicht „aber" sagen, bis Sie den Trauring bereits an Ihrem Finger haben oder Sie das größte Arschloch in Ihr Unternehmen gelassen haben, mit sämtlichen Privilegien und Extrawürsten, die sich die Narzisse raffiniert manipulativ ausgehandelt hat. Das zwischenmenschlich Kleingedruckte, das Ihnen auf Grund all der schönen Phrasen vorher nicht so klar war.

Dr. Jekyll und Mr. Hyde-Phänomen

Direkt nach der Hochzeit oder nach der Unterzeichnung eines Arbeitsvertrages, was im Übrigen komplett gleichwertig für Narzissen ist, und zwar WIRKLICH direkt danach (bei mir war es in der Hochzeitsnacht) verändert sich das ach so schöne Wesen der Narzisse. Der Traumprinz oder die Traumprinzessin wird zum Monster.

Kennen Sie die Geschichte von Dr. Jekyll und Mr. Hyde, dem charmanten gutaussehenden Arzt, der eine Medizin entwickelt, die alle Schlechtigkeit aus einem Menschen herausholt? Tagsüber war er Arzt, nachts ein mordendes Monstrum, das durch die Straßen Londons strich und Unheil anrichtete. Das Mittel machte den Arzt süchtig und irgendwann war die Rückverwandlung zu Dr. Jekyll nicht mehr möglich.

Eine Narzisse kann nach außen – zu Familie, Angehörigen, Freunden, Arbeitskollegen, vor Gericht und Jugendamt usw. – ein Strahlemann oder eine unfassbar charmante Frau sein, zur eigenen Partnerin oder dem Partner oder zu den

„Untertanen" im Unternehmen ist er oder sie aber unfassbar kalt und gemein.

Wenn Sie das Pech haben, beruflich oder privat mit einer Narzisse verbunden zu sein und versuchen, anderen Menschen von der Grausamkeit zu berichten, die Ihnen widerfährt, kann es sein, dass man Sie nicht versteht. Die Narzisse ist ja nur bei Ihnen so. Im schlimmsten Fall geraten Sie in Missgunst, weil Sie die Narzisse schlechtmachen. Sehr häufig kommt es vor, dass sich Ihre Mitmenschen von Ihnen abwenden, statt Ihnen zu glauben oder Ihnen beizustehen. Das ist übrigens bereits der Beginn Ihrer Isolation durch die Narzisse.

Absichtliche Ver-Sprechungen und Verstellungen

Es ist als Kind schlimm, wenn man von seinen Eltern etwas versprochen bekommt und es nicht eingehalten wird. Das könnte zum Beispiel ein Gutenachtkuss sein- oder ein Spielzeug, das man sich aus ganzem Herzen wünscht. Zusagen wie „Ich hole dich um die und die Uhrzeit ab", die wiederholt nicht eingehalten werden, erzeugen ein tiefes Misstrauen und eine Enttäuschung. Man fühlt sich getäuscht und die Täuschung fliegt auf und dann ist man allein.

Narzissen legen extrem großen Wert darauf, dass ihnen gemachte Versprechen eingehalten werden. Immer. Ohne Ausnahme und ohne Pardon (es sei denn, das Schuldscheinprinzip kann großzügig angewendet werden – übernächster Punkt) Das hat mit Kontrollbedürfnis zu tun und mit der Chance, Sie für Ihr Vergehen ordentlich zu bestrafen.

Umgekehrt geben Narzissen Versprechen, die sie von vornherein nie vorhatten, einzuhalten. Wozu auch? Das Einhalten würde SIE glücklich machen, wohingegen das Nicht-Einhalten Sie unglücklich macht. Folglich sind Versprechen Narzissen ein wunderbares Mittel, Sie permanent zu ent-täuschen. Wenn Sie dann traurig oder wütend sind, weil es immer und immer wieder passiert, wird die Narzisse die Schuld auf Sie schieben, vielleicht auch mit den mir bekannten Worten: „Ich kann mein Versprechen gar nicht einhalten, wenn du dich so aufführst." Oder: „Ich kann mich nicht erinnern, dir irgendetwas versprochen zu haben."

Pseudo-Unfähigkeit / „Ich nicht" – Mentalität

„Ich kann nicht arbeiten gehen, du gehst ja schon so viel arbeiten. Einer muss doch das Haus hüten." „Die Steuer musst du machen. Du hast den schnellen Kopf. Ich hatte leider dumme Eltern." „Soll ich dir jetzt auch noch meine Energie geben, wo du sowieso alles alleine schaffst?"

Vielleicht kommt Ihnen eine der Ausreden bekannt vor? In jedem Satz steckt gleichzeitig Angriff, Verletztsein und ein perfides Lob Ihrer Leistung, die unterm Strich immer ausgenutzt wird, Ausgenutzt wie Sie.

Schuldschein

Narzissen können überaus großzügig im Vergeben sein. Das kann Sie sprachlos machen. Ich zum Beispiel hatte einmal beim Tanken vergessen, die Handbremse anzuziehen und den Gang einzulegen. Da die Tankstelle sehr abschüssig war, vermisste ich unser Auto, als ich von der Bezahlung wiederkam. Totalschaden. Ich hatte Panik, meiner Narzisse

Bescheid zu sagen. Sie kam überraschend gut gelaunt, nahm mich heulendes Elend in den Arm und sagte liebevoll „Ach mein lieber Chaosschatz" zu mir. Ich wurde nicht geschlagen. Kein lautes Wort. Ich war so dankbar, dass ich alles für meine Narzisse gemacht hätte. Und das wusste sie auszunützen.

Das neue Auto musste ein wesentlich teureres sein und selbstverständlich musste ich es bezahlen. Machte ich gerne, denn schließlich hatte ich das alte auch kaputt gemacht. Meine Fortbildung, die ich so gerne beginnen wollte, musste ich stornieren, denn es war notwendiger, mich auf den Umgang mit dem neuen Auto zu konzentrieren. Noch mehr Wissen hätte mich nur durcheinandergebracht. Das sah ich irgendwie ein. Es traf mich trotzdem sehr.

Schuldscheine von Narzissen können mannigfach sein und sehr irrational. Und sie sollen Sie auf ewig binden. Am Schluss der Beziehung mit meiner Narzisse, die über ein Jahrzehnt dauerte, hatte ich so viele Schuldscheine gegen meine Arbeitskraft und Lebenszeit einzutauschen, dass ich im Burnout landete.

Gaslighting

Vielleicht kennen Sie den gleichnamigen Film, der eine Neuverfilmung von „Das Haus der Lady Alquist" von George Cukor ist. Er erzählt von einer jungen Frau, die gesellschaftlich angesehen, intelligent, wohlhabend und schön ist. Sie verfällt einem Mann, der sie zuerst mit Komplimenten überschüttet, um sie nach und nach in den Wahnsinn zu treiben.

Direkt nach der Hochzeit unterstellt er ihr, den Schmuck seiner Mutter verloren zu haben. In Wirklichkeit hatte er den Schmuck versteckt. Sie glaubt ihm zunehmend, dass mit ihr etwas nicht stimmt. Das Gaslicht flackert immer, wenn er weg ist. Schließlich ist sie komplett isoliert und ein seelisches, menschliches Wrack.

Gaslighting ist auf Grund dieses Films Namensgeber eines der wohl grausamsten narzisstischen Werkzeuge. Es dient der Destabilisierung der Betroffenen und ihres oder seines Ruins. Wenn Sie irregemacht werden und selbst an Ihrem Verstand zweifeln, sind Sie hoffnungslos auf Ihre Narzisse angewiesen. Sie ist die einzige, die Sie mit Ihrem (scheinbaren) Irrsinn erträgt, weshalb Sie von der Außenwelt auch „schützend" ferngehalten werden müssen. Wenn Sie diesen Zustand erreicht haben, brauchen Sie dringend Hilfe!

Meine Narzisse hat mir immer die Schlüssel versteckt. Ich habe vier abgeschlossene Studien und war praktisch alleine für die finanzielle Grundversorgung unserer Familie zuständig. Vielleicht war gerade dieser Umstand für meine Narzisse unerträglich, weil ich ihr – in ihrer Realität und passend zu ihrem niedrigen Selbstwert- intellektuell scheinbar überlegen war. Diese Schlüsselgeschichte wurde zum Running Gag. Selbst wenn ich mir sicher war, den Schlüssel immer an dieselbe Stelle zu legen, war er dort nicht. Das ging so weit, dass meine Narzisse bereits Freunde und Nachbarn warnte, sie sollen auf unsere Schlüssel aufpassen. Ich wäre diesbezüglich unverlässlich. Ich brauche Ihnen nicht zu erklären, was passiert, wenn einem ein Makel immer und immer wieder eingeredet wird, oder?

Selbst fünf Jahre nach unserer Trennung, -ich war bereits drei Jahre mit meinem jetzigen Lebenspartner zusammen-, hatte ich immer noch Sorge, unseren Schlüssel zu verlieren und es ist mir bis heute lieber, wenn ihn irgendjemand anderer nimmt.

Spielregeln einer Narzisse

Sicher kennen Sie die Fernsehshow für Kinder „Eins, zwei oder drei". Ob die Kinder das Rätsel gelöst haben und auf der richtigen Fläche stehen, zeigt ihnen das Licht unter ihren Füßen. Wenn Sie es mit einer Narzisse zu tun haben, wird das Licht niemals bei eins, zwei oder drei angehen. Wahrscheinlicher ist sieben oder acht, vielleicht auch fünf oder zehntausend. Sie haben gar keine Chance, jemals richtig zu stehen.

Merksatz: Befreien Sie sich von dem Gedanken, dass Sie jemals in den Augen einer Narzisse etwas richtig machen können. Ich verdanke diesen Satz Evelina Blum von em-life.

Die Spielregeln bestimmt einzig und allein die Narzisse und sie ändert diese nach ihrem Belieben und manipulatorischem Ermessen. Ziel ist Ihre Destabilisierung und Isolierung, um Sie abhängig und fertig zu machen.

Suzanne Grieger-Langer nennt es auch das Mikado-Spiel: alle Stäbchen (Freunde, Bekannte, Familie, Nachbarn, etc.) werden sorgsam entfernt, bis am Ende nur noch Sie völlig hilflos übrigbleiben.

Das perfide Spiel, das eine Narzisse mit Ihnen spielt, ist in Wahrheit kein Spiel. Es ist emotionaler Missbrauch! Emotionaler Missbrauch ist mindestens so schlimm wie sexueller Missbrauch, höchst zerstörerisch bis tödlich. Wenn Sie können, verlassen Sie das Spielfeld, das Ihr Schlachtfeld ist. Auf dem werden allerdings ausschließlich SIE geschlachtet werden.

Vernichtungsfeldzug einer Narzisse

- Suche nach einem (nächsten) Wirt
- Umgarnung des Opfers (Lovebombing)
- Irritation und Konfusierung
- Subtext Trashing – Umcodierung des Opfers
- Messen mit zweierlei Maß
- Demütigung
- Liebesentzug als Strafe
- Intrigieren
- Isolation des Opfers
- Instrumentalisieren

Diese Grafik ist im Grunde selbsterklärend. Es läuft mit kleinen Nuancen immer nach diesem Schema ab. Das ist frappierend und wird dadurch allerdings auch leicht durchschaubar. Wie bei einem Vampir oder einer Tsetsefliege sind Sie sicher nicht der erste Wirt und ganz bestimmt auch nicht der letzte.

Wenn Sie nicht sowieso immer nur ein Wirt oder eine Wirtin von gleich mehreren waren/sind.

Der Weiße Hai-Effekt

Sicher kennen Sie den Film vom Weißen Hai. Ich habe ihn zusammen mit Freundinnen im Alter von vierzehn Jahren angeschaut und fürchtete mich damals sogar im Swimmingpool vor imaginären Monstern. Bis, und das ist der entscheidende Aha-Moment, ich mir den Film vor ein paar Jahren wieder angesehen habe und mir die mittlerweile fast stümperhaft wirkenden Spielfilmeffekte bewusst wurden.

Genauso verhält es sich mit den Narzissen: Sie kommen furchteinflößend daher. Sie drohen weiß Gott was an.

Sie sind laut und unangenehm. Sie pöbeln rum und haben ein paar grausige Tricks in Ihrer Trickspielkiste. Unterm Strich sind es aber arme Narzissenwürstchen, die in ihrer Kindheit nicht um ihrer selbst geliebt wurden. Von daher haben sie ein unterirdisches Selbstwertgefühl.

Wenn Sie sich das bewusstmachen, dann können Sie im übertragenen Sinn auch in einem trüben See unbesorgt schwimmen gehen ohne Angst vorm weißen Hai oder anderen Monstern, so wie ich. Bewusstsein ist dem Fall wirklich ALLES.

Sind Sie in der Narzissen-Falle?

Wir haben einen Fragenkatalog entwickelt. Sie finden ihn auch auf unserer Website www.narz-mich-nicht.de zum kostenlosen Herunterladen. Er untersucht Ihr verändertes Verhalten in Bezug auf eine narzisstische Person in Ihrem Leben und bietet eine erste Orientierung.

Beantworten Sie die Fragen spontan und intuitiv mit Ja oder Nein. Zählen Sie anschließend die Fragen zusammen, die Sie mit Ja beantwortet haben. Dieser Test ist nur für Sie persönlich. Sie sind Niemandem darüber Rechenschaft schuldig.

1. Am Anfang der Beziehung (Arbeit oder privat) war alles großartig, fast zu schön, um wahr zu sein und jetzt, nach relativ kurzer Zeit, hat sich alles um 180 Grad gedreht?

2. Kennen Sie die Wünsche dieser Person besser als Ihre eigenen?

3. Haben Sie das Gefühl, dass Sie nie genug sind und/oder machen in der Beziehung mit dieser Person?

4. Sind der angeblich schuldige Teil in der Beziehung mit dieser Person ausnahmslos Sie?

5. Suchen Sie den Fehler für die Schwierigkeiten in Ihrer Beziehung immer bei sich selbst?

6. Sind Sie davon überzeugt: Wenn Sie sich nur genug anstrengen, wird alles gut?

7. Nach Diskussionen und Gesprächen mit dieser Person ist nichts geklärt oder gelöst, im Gegenteil.

8. Passieren Ihnen immer wieder nur mit dieser Person komische Dinge, die Sie nicht einordnen können, als wären Sie in einer Freakshow?

9. Fühlen Sie sich von dieser Person permanent ausgenützt?

10. Haben Sie auf Grund der Beziehung mit dieser Person den Kontakt zu Ihren Freunden und/oder Ihrer Familie verloren, weil diese Person ein Problem mit Ihrem Umfeld hat.

11. Verzeihen Sie dieser Person immer wieder, weil Sie sich einreden, dass es sich nur um ein Versehen handeln kann/muss?

12. Schämen Sie sich für Ihr Leben wegen Ihrer Beziehung zu dieser Person?

13. Ist es schon sehr lange her, dass Sie fröhlich und ausgelassen waren?

14. Fühlen Sie sich kontrolliert?

15. Kontrollieren Sie Ihr Verhalten bereits selbst in Bezug auf diese Person?

16. Machen Sie irgendwie in den Augen dieser Person immer alles falsch?

17. Wissen Sie schon gar nicht mehr, ob Sie einen richtigen oder falschen Fehler gemacht haben?

18. Haben Sie das Gefühl, dass sich die Spielregeln im Miteinander (Zusammenarbeit, Leben) mit dieser Person ständig ändern?

19. Verspricht Ihnen diese Person eine Verbesserung der Situation oder ihres Verhaltens ohne es jemals zu halten?

20. Haben Sie das Gefühl, wie in einem Nebel zu stehen, abgeschnitten von Ihren eigenen Bedürfnissen und Wünschen?

21. Lassen Sie sich von dieser Person grundlos demütigen?

22. Haben Sie das Gefühl, permanent belogen zu werden?

23. Werden Sie von dieser Person permanent manipuliert?

24. Sorgen Andere, die Ihre Situation von außen betrachten (und noch Zugang zu Ihnen haben), sich sehr um Sie und warnen Sie, aber Sie können die Warnungen nicht einordnen?

25. Verteidigen Sie die Person vor aller Welt, weil Sie immer noch meinen, es liegt an Ihnen oder

besonderen Umständen, aber sicher nicht an der Person?

26. Suchen Sie immer noch und unaufhörlich nach dem Warum für Ihr Dilemma?

27. Können Sie Freund und Feind nicht mehr wirklich unterscheiden?

Auflösung: Wenn Sie nur ein Drittel der Fragen mit Ja beantwortet haben, ist die Wahrscheinlichkeit sehr groß, dass Sie es mit einer narzisstischen Person zu haben, deren Opfer Sie geworden sind bzw. zu deren Opfer Sie sich machen haben lassen. Das kann bedeuten, dass Sie auf echoistische Weise in Co-Abhängigkeit zu Ihre Narzisse stehen.

Wenn Sie das Gefühl haben, dass Ihr Leben durch diese narzisstisch-echoistische Situation, in der Sie sich befinden, unerträglich wird, suchen Sie bitte umgehend Hilfe und Unterstützung bei Experten, die sich mit Narzissmus auskennen!
Viele Psychologen und Therapeuten sind noch nicht umfangreich in der Thematik ausgebildet, da die Wissenschaft noch gar nicht so weit ist.

Mein Team und ich können Sie beraten und coachen. Wir können Ihnen strategische Mittel an die Hand geben, wie Sie sich gegen Narzissmus schützen und aus Ihrem Echoismus wieder ins Tun und in eine selbstbestimmte Handlungsfähigkeit kommen. Zudem helfen wir Ihnen gerne zurück in Ihre Kraft und stärken Ihre Ressourcen. Wir arbeiten außerdem in Kooperation mit Psychologen und Therapeuten. Auf unserer Facebook Seite Narzmichnicht können Sie sich außerdem mit Betroffenen und Experten austauschen.

WICHTIG: Sobald Sie erkannt haben, dass Sie in der Narzissen-Falle sind, ist es Ihre Verantwortung, diese schnellst möglich zu verlassen. Auch wenn Sie nun meinen sollten, dass sich das so leicht schreibt und Sie unüberwindbare Berge vor, hinter und neben sich sehen, die Ihnen das Gehen auf den ersten Blick unmöglich erscheinen lassen! Es ist Ihre Verantwortung, ob Sie sich weiter wissentlich missbrauchen lassen oder nicht! Ab jetzt wissen Sie es und Sie sind hellwach und bei vollem Bewusstsein! Es ist Ihr Leben!

Ich werde Sie nicht beeinflussen. Aber ich appelliere an Ihre Selbstliebe! Die Verantwortung für Ihr Leben bleibt komplett bei Ihnen.

Sollten Sie sich aber für ein Weiterleben ohne narzisstisch-echoistischen Missbrauch entscheiden, lesen Sie bitte weiter! Ab jetzt geht es um...

Raus aus der Narzissen-Falle

Erkenntnis ist schon der wichtigste Schritt. Jetzt hat Ihr Horror wenigstens einen Namen. Nach dem Erkennen kommt das Verstehen der Falle. Achtung! Nur das Verstehen der Falle und der Mechanismen von Narzissmus. Die Narzisse selbst müssen Sie nicht verstehen! Wieso und warum war sie so, ist sie so? Das ist reine Gehirnfickerei (verzeihen Sie den direkten Vergleich).

Lassen Sie es! Sie haben ohnehin schon viel zu viel Zeit mit den Bedürfnissen und „hochgezogenen Augenbrauen" Ihrer Narzisse zugebracht. JETZT geht es um Sie und Ihre

Bedürfnisse und darum, dass Sie ganz schnell wieder in Ihre Kraft kommen und Ihre Ressourcen aufbauen, Dann können Sie bei klarem Verstand und erleichtertem Herzen erstmals einzig und alleine die richtigen Entscheidungen für sich und Ihr Leben treffen.

Nach dem Verstehen der Falle geht es also direkt um das „Raus aus der Falle!" und zwar ohne Umwege und ohne unnötige Ehrenrunden. Hand auf' s Herz: wie viele Chancen haben Sie Ihrer Narzisse schon gewährt?

Eben. Es ist jetzt genug.

Jetzt.

Jetzt sofort.

WICHTIG: Sie sind nicht schuld, dass Sie *genarzt* wurden. Wenn Sie Krebs bekommen, sind Sie auch nicht schuld. Sitzen Sie in einem Flugzeug, dass von Terroristen entführt wird, auch nicht. Es ist Ihnen passiert.

Sie können allerdings aus der „Sache" gestärkt herausgehen, wenn Sie nicht einfach so weitermachen wie bisher.

Meine Mutter prägte für mich das Sprichwort: Wenn man etwas möchte, findet man Möglichkeiten. Wenn man etwas nicht möchte, findet man Gründe. Dieser Satz hat mir persönlich sehr geholfen, mein narzisstisch-echoistisches Leben zu überwinden und der Falle rechtzeitig zu entkommen, bevor es mich mein Leben gekostet hätte. Heute bin ich in einer glücklichen Partnerschaft, lebe das Leben, das ich mir immer gewünscht habe. Ich kann reisen, wann immer ich möchte und unser Haus ist Treffpunkt für Feste und Literatursalons. Ich bin frei von der Angst, nie richtig oder nie genug zu sein. Ich habe mich gefunden, weil man mich liebt, so wie ich bin, auch und besonders ungeschminkt und verschlafen. Dankbarkeit prägt mein Leben und jeder Augenblick ist ein Geschenk, weil ich erfahren habe, wie es anders sein kann. Und ich lebe mit der tiefen Überzeugung: Alles ist gut. Wirklich alles, solange wir es mit Bewusstheit und offenen Augen und Herzen sehen.

Selbstverantwortung - Remote yourself

Das ist das A und O. Wenn Sie einen Film sehen, der Ihnen nicht gefällt: Was tun Sie?

Die meisten schalten um oder drehen den Fernseher gleich ab. „Kommt eh nichts Gescheites." Wenn der Ton zu laut ist, schalten Sie vermutlich leiser und umgekehrt. Wenn Sie die Werbung nicht hören wollen, drücken Sie auf Mute.

Angenommen, Sie sind seit Jahren in einem Film, der megakomisch ist und in dem Sie die unglückliche Hauptrolle spielen. Sie spüren die ganze Zeit, dass irgendetwas nicht stimmt. Weder das Drehbuch ist sonderlich gut, noch die Narzisse an Ihrer Seite. Obwohl Sie schon alles tun und machen und lassen, um ihr zu entsprechen. wird die auch immer ekelhafter. Und irgendwie kommt und kommt kein Happy End....

Wieso nehmen Sie die Fernbedienung Ihres Lebens nicht einfach in die eigene Hand und schalten um?!? Jetzt sofort!?

Sie zögern? Zögern Sie, weil Sie daraufhin einen Rattenschwanz an Konsequenzen erwarten? Die kann Ihnen vermutlich keiner nehmen. Doch außerhalb Ihrer Ängste sind viele Menschen, die vermutlich schon lange darauf warten, dass Sie endlich die STOP Taste drücken. Dass Sie endlich sagen: Es reicht!

Bei mir war es so. Ich war schon total isoliert. Meine Hausärztin machte mich Ende 2015 darauf aufmerksam, indem sie sich für mich weit aus dem Fenster lehnte und mir ihre Sorge über mich zum Ausdruck brachte, mit den Worten: „Wenn Sie nicht gehen, gehen Sie kaputt. Sie werden alles verlieren. Geben Sie sich nicht auf!"

Ich bin ihr sehr, sehr dankbar dafür. Tatsächlich hat sie mir mein Leben gerettet. Was danach kam, war anstrengend. Ich bin ausgezogen. Sie wissen: Der oder die, die geht, ist sowieso immer die „Böse". Ich musste als Ausländerin und Mutter eine neue Wohnung finden. Der ganze Scheidungskram, eine Schule für mein Kind suchen, meine Arbeit stemmen, neu ankommen, Wohnung einrichten, dem Kind erklären, wieso und weshalb, wo ich selbst noch nicht begriffen habe, was eigentlich passiert war, meine Ressourcen aufbauen, herausfinden, wer ich bin, was ich möchte und wie und mit wem oder nie wieder mit irgendwem usw.

Ja, das war nicht einfach, aber....

Ab meiner Entscheidung für mich und mein Leben wurde der Druck auf meinen Schultern und der Schmerz in meinem Herzen schlagartig leichter! Und ich begriff, dass ich nicht allein bin. Dass ich es nie war. Es brauchte „nur" meine Entscheidung.

Und so braucht Ihr Leben Ihre Entscheidung!

Nehmen Sie die Fernbedienung Ihres Lebens in die Hand und beenden Sie für sich das narzisstisch-echoistische Spiel. Jetzt sofort.

Der „Rest" fügt sich von ganz allein.

Wichtig für Sie, zu wissen

Sie sind völlig in Ordnung! Die Situation, in der Sie sich befinden, ist es nicht. Die Situation lässt sich ändern. Sie ist nicht in Stein gemeißelt und Sie sind nicht dazu verdammt, sich auch noch Ihr weiteres Leben manipulieren und ausnützen zu lassen.

Sie können Ihre Narzisse nicht heilen! Da tun sich sogar Psychologen und Therapeuten schwer. Indem Sie sich und Ihr Leben Ihrer Narzisse opfern, machen Sie weder sich noch die Welt um sich herum schöner und glücklicher. Im Gegenteil.

Sie sind mit dem narzisstisch-echoistischen Problem nicht allein.

Es gibt sehr viele Menschen, die in derselben Falle stecken. Häufig wissen sie noch nicht einmal wissen, dass sie drinstecken.

Narzissmus ist ein Krebs unserer Gesellschaft. Narzissmus ist eine Krankheit. Wenn Sie sich weiterhin wissentlich missbrauchen lassen, ist es Ihre Verantwortung.

Sie dürfen jederzeit den ersten Schritt machen. Sie dürfen einfach gehen.

Kein Erbe. Kein Haus. Kein Haufen Geld. Nichts, wirklich nichts ist es wert, dass Sie Ihr einzigartiges kostbares Leben opfern. Es steht Ihnen zu, ein glückliches Leben zu führen. Sie haben nur dieses eine. Alles andere lässt sich ersetzen und wesentlich besser befreit genießen.

Strategien gegen Narzissen

1. Wenn Sie die Möglichkeit haben, schaffen Sie sofort Distanz zwischen Ihrer Narzisse und sich. Ziehen Sie vorübergehend zu Freunden oder in ein Hotel. Sie brauchen Abstand, um klar denken zu können.

2. Nehmen Sie alle wichtigen Dokumente und Unterlagen mit, die Ihnen gehören oder die Sie für Ämter brauchen, um weitere Schritte einer endgültigen Trennung einzuleiten.

3. Nehmen Sie Ihre Lieblingsbesitztümer mit, sofern es sich nicht um den ganzen Hausstand handelt. (z.B.: Schmuckstücke, Bilder, Bücher, etc.)

4. Vermeiden Sie Diskussionen mit Ihrer Narzisse und ersparen Sie sich einen Dramaqueen- oder -kingauftritt. Wozu? Gehen Sie am besten, wenn die Narzisse nicht zu Hause ist. Gehen Sie einfach!

5. Informieren Sie Ihre besten Freunde und Ihre Familie, so diese nicht auch vernarzt sind und erzählen Sie ihnen unbedingt, was Ihnen passiert ist. Reden Sie oft und viel darüber. Reden Sie sich den ganzen Scheiß unbedingt von der Seele.

6. Wenn die anderen noch nicht verstehen können, was Narzissmus ist, geben Sie ihnen Literatur dazu.

7. Holen Sie sich Experten mit ins Boot. Achten Sie dabei unbedingt darauf, dass sich diese mit Narzissmus auskennen. Fragen Sie direkt am Telefon nach, ob der- oder diejenige Erfahrung mit Narzissmus hat, egal ob es sich dabei um Therapeuten oder Anwälte handelt. Menschen, die keine Ahnung von den narzisstischen Mechanismen haben, können Sie nicht beraten und Sie verlieren nur kostbare Zeit und viel Geld.

8. Analysieren Sie akribisch Ihre Schwächen und Ihre Stärken. Ihre Schwächen sind die Triggerpunkte. Ihre Stärken sind der Nutzen für Ihre Narzisse. Auf beides wird Ihre Narzisse nicht so einfach und kampflos verzichten. Je besser Sie sich selber kennen, desto weniger können Sie in einer weiteren Konfrontation einknicken. Nur so bleiben Sie besser bei sich und Ihren Bedürfnissen.

9. Verraten Sie Ihrer Narzisse auf keinen Fall Ihre Gefühle. Ihre Gefühle sind das Lebenselixier Ihrer Narzisse. Über ihre Gefühle saugt sie Sie aus und manipuliert Sie. Wenden Sie lieber ab sofort die „Graue Stein Methode" an.

10. Gegen Narzissen hilft nur ein kühler Kopf und eine gute Strategie.

Die Graue Stein Methode

… ist eine temporäre Notfallmaßnahme: wie ein Stein bleiben Sie unaufgeregt, hart und ausdruckslos in der Auseinandersetzung mit Ihrer Narzisse. Sie lassen den toxischen Mist an sich abprallen und bleiben in Ihrer inneren Ruhe und Stärke. Wenn die Narzisse eine provokante Äußerung macht, erwidern Sie diese mit einem knappen „Mhm." Geben Sie ihr scheinbar recht, ganz nach dem Motto: Dir dein Recht, mir meine Ruhe. Wie es wirklich ist, geht die Narzisse nichts mehr an. Schützen Sie sich und Ihre Gefühle. Damit verringern Sie sehr schnell das Interesse der Narzisse an Ihnen und sie lässt zunehmend energetisch von Ihnen ab, denn Sie braucht Ihre Aufregung. Bekommt sie diese nicht mehr, sucht sich der Vampire ein neues „Opfer". Im Internet finden Sie viele youtube Videos zur Grauen Stein Methode.

WICHTIG: Wenden Sie diese Methode wirklich nur gegenüber der Narzisse an. Das sollte keine generelle neue Lebenseinstellung von Ihnen werden! Sie kommen sonst in Gefahr, abzustumpfen und sich auch Freunden gegenüber zu verschließen. Bitte nicht!

Die Kommunikationsunfähigkeit von und mit Narzissen

Zwischen Narzissen und dem Rest der Welt sozialer Menschen besteht ein Sender-Empfänger-Problem. Sie können sich NIE darauf verlassen, dass eine Narzisse meint, was sie sagt. Auch wenn eine Narzisse so tut, als hätte sie verstanden, was Sie sagen: Vergessen Sie es! Sie tut nur so. Da Narzissen zur Selbstreflexion nicht fähig sind, können sie auch nicht über Ihr Gesagtes reflektieren. Ich denke, das Problem wird klar.

Dazu kommt, dass eine Narzisse ihre Gesichtszüge innerhalb von 30 Sekunden bis zu fünf Mal ändern kann. Das kann von Zornesfalten über Weinen bis zu einem fast herzlichen Lachen gehen. Kein empathischer Mensch wechselt dermaßen schnell und häufig zwischen seinen Emotionen. Das ist Teil des manipulativen Spiels und dient Ihrer Irritation. Wenn Sie irritiert sind, setzt Ihr logisches Denken aus und die Narzisse hat wieder die Kontrolle über Sie.

Eine Narzisse meint nie, was sie sagt. Eine Narzisse fühlt nie, was sie sagt. Eine Narzisse nimmt das, was Sie ihr sagen, nie ernst. Eine Narzisse nimmt auf, was Sie sagen, um Ihnen daraus einen Strick zu drehen. Es ist reine Zeitverschwendung, mit einer Narzisse zu kommunizieren.

Regeln im Gespräch mit Narzissen

1.   Nicht rechtfertigen.

2.   Nicht emotional werden oder über Ihre Gefühle reden.

3.   Greifen Sie die Narzisse nicht an, auch wenn Sie innerlich daran zu ersticken drohen. Lassen Sie es unbedingt! Es kostet Sie nur unnötig Kraft und bringt nichts.

Regeln im Mailverkehr mit Narzissen

1. Stellen Sie pro Email nur eine Frage oder klären Sie nur einen Punkt.

2. Reduzieren Sie die Anzahl der Sätze auf ein Minimum.

3. Schreiben Sie niemals über (Ihre) Gefühle.

4. Kein Angriff, kein Vorwurf — auch nicht zwischen den Zeilen.

5. Bleiben Sie sachlich und freundlich - auch wenn es schwerfällt.

Früher oder später liest Ihren ganzen Mailverkehr im Extremfall ein Richter und dann kann es durchaus passieren, dass plötzlich SIE als Narzisse hingestellt werden. Narzissen verstehen es ausgezeichnet, den Spieß umzudrehen und sich selbst als Opfer darzustellen.

Tipp 1: Legen Sie für Ihre Narzisse einen eigenen Emailordner an. Ich nannte diesen Ordner „Zer Soziopath", damit wusste mein Hirn und auch mein Herz, worauf ich mich einstellen konnte, bevor ich eine Mail von meiner Narzisse las- und es war weniger schlimm. „Zer" statt „Der" übrigens deshalb, weil Z der letzte Buchstabe im Alphabet ist und Sie immer sehr bewusst ganz nach unten scrollen müssen, um zu den Nachrichten der Narzisse zu gelangen. Am besten machen Sie sich dazu eine heiße Schokolade mit viel Schlagsahne.

Tipp 2: Wiederholen Sie Geschriebenes wie eine hängengebliebene Schallplatte, am besten immer mit demselben Wortlaut.

Wie auf Entzug

Ich mache Ihnen nichts vor. Sich von einer Narzisse zu drehen, von der sie co-abhängig waren, ist wie auf Entzug sein. Jahrelang hat man Sie missbraucht und gedemütigt und Sie haben sich an den Zustand schon gewöhnt. Sie haben sich die meiste Zeit um die Bedürfnisse der Narzisse gekümmert und nicht um Ihre eigenen. Jetzt haben Sie plötzlich sehr viel freie Zeit und könnten das mitunter als Leere empfinden. Außerdem realisieren Sie erst peu-á-peu, was Ihnen geschehen ist und dann war auch noch das ach so großartige und nie davor dagewesene Lovebombing zu Beginn Ihrer Beziehung mit der Narzisse, zu dem Sie sich zurücksehnen. Deshalb haben Sie doch diesen Terror mit großer Wahrscheinlichkeit überhaupt so lange mitgemacht!

Es ist ein ganz schreckliches Gefühl. Sie werden immer wieder in Versuchung geführt werden, der Narzisse eine weitere Chance zu geben und -trotz all dem Leid- wieder zu ihr zurückzugehen. Ein Phänomen, das auch Menschen erleben, die schwer körperlich misshandelt und verprügelt werden. Bei narzisstischem Missbrauch handelt es sich um saubere Gewalt, die man äußerlich nicht sieht, die innerlich aber über Jahre massiven Schaden anrichtet.

WICHTIG:

Jede Ehrenrunde macht

Bleiben schlimmer und

Gehen schwieriger!

Die Provokationsfalle

Ich erzähle Ihnen einmal ein Beispiel, dass mir erst kürzlich passiert ist. Letztes Jahr suchten wir einen Steuerberater. Der Freund eines Freundes…, nun ja, Sie kennen das sicher. Auf alle Fälle wurde uns ein Steuerberater empfohlen. Es stellte sich bereits nach dem dritten Treffen heraus, dass dieser Mensch einfach nicht zu uns passte. Er war cholerisch, brüllte seine Angestellten an und machte schlechte Arbeit zu überhöhten Preisen. So etwas kann schon mal vorkommen. Im Grunde überhaupt kein Drama. Man passt einfach nicht zusammen und auf Nimmerwiedersehen. Nun war das aber der Freund eines Freundes usw. und so kam es, dass wir uns vor drei Wochen auf einem Geburtstagsfest wiedersahen.

Der Ex-Steuerberater wich mir zwar aus, taxierte mich aber den ganzen Abend. Als wir schon im Begriff waren, zu gehen und uns gerade vom Gastgeber verabschiedeten, kam er wie ein Tier zu mir und hauchte mir ins Ohr: „Du auch hier und nicht in Hintertupfingen." Wien ist nicht Hintertupfingen. Ich fiel voll drauf rein. Es war weniger das, was er sagte, als die Art, wie er es sagte. Ich konterte zuerst leise, was ihm einfiele. Er tat so, als hätte er mich nicht verstanden und sagte plötzlich laut, für alle hörbar: „Fass mich nicht an." Ich hatte ihn nicht einmal berührt. Alle umstehenden Gäste schauten auf ihn und mich.

Er neigte getroffen sein Haupt und ich war im Fokus des Angriffs. Es blieb mir nur, schleunigst zu gehen, sonst wäre die Sache aus dem Nichts heraus eskaliert.

Es gibt zig Möglichkeiten der gezielten und irreführenden Provokation. Alles kann von Narzissen pervertiert werden und sie sind Meister im Verstellen. Auf Grund ihrer hohen kognitiven (nicht emotionalen!!!) Intelligenz können sie andere Menschen gezielt so weit in die Not hineintreiben, bis diese umkippen und Dinge tun, die sie niemals getan hätten.

Narzissen brauchen das Giftspritzen und die darauffolgende Aufregung unter den Menschen.

Sie sind süchtig nach dieser Form der Aufmerksamkeit. Denn eines wurde im vorher erzählten Beispiel klar: Ignoriert zu werden, ist für eine Narzisse unerträglich. Sie brauchen Publikum. Sie brauchen die Erschütterung der anderen und das Mitleid für sich. Denn sie MÜSSEN sich ständig bestätigen, dass IHRE Realität stimmt: Sie sind die Armen und alle anderen sind mies, deshalb dürfen sie auch missbraucht werden. Damit kompensieren Narzissen ihre eigene Unfähigkeit und lenken geschickt davon ab.

WICHTIG: wie gehen Sie mit so einer Situation um? Ich hätte ganz schnell in den Grauen Stein Modus umschalten müssen. Einfach „Mhm" sagen und genau wissen, von wem die Provokation kommt. Ähnlich wie der Trick mit dem Email Ordner (Zer Soziopath), schon im Vorfeld richtig ein- und zuordnen. So sehr ich mich gegen Schubladendenken wehre: Bei Narzissen ist es angebracht.

Dramadreieck

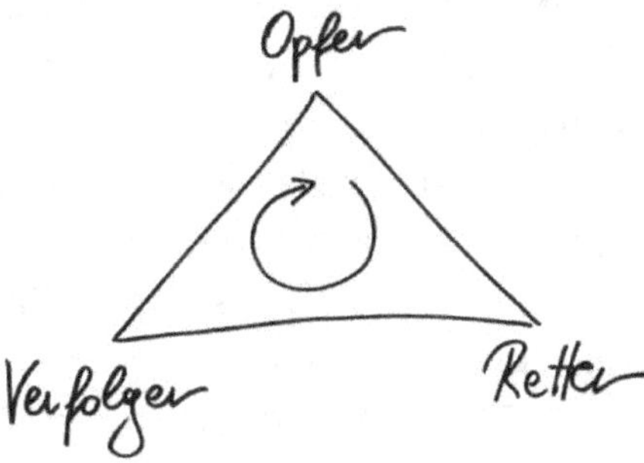

Es gibt meist ein Opfer, einen oder eine, die sich als Retterin aufschwingt und dann natürlich den Täter. In Filmen sind die Rollen meist sehr klar und verständlich.

Früher war es noch einfacher: Da hatten die Bösen auch noch schwarze Haare und die Lieben waren blond.

Komplizierter ist es, wenn eine Narzisse mit im Spiel ist. Sie wechselt nämlich so schnell die Rollen, dass einem schwindelig werden kann. Beispielsweise können selbst Richter dermaßen mit den entstehenden Situationen so überfordert sein, dass sich Gerichtsverfahren mit Narzissen über Jahre hinziehen können.

Ein Beispiel aus dem Berufsalltag: Zimperlieschen weint fürchterlich in ihrer Garderobe, so dramatisch, dass es das ganze Theater mitbekommt. Es dauert nicht lange, da erbarmt sich z.B. ein Bühnenarbeiter und fragt besorgt, was denn los sei und ob er etwas für Zimperlieschen tun kann. Diese erzählt, wie grausam der Intendant zu ihr sei und dass sie immer die schlechtesten Rollen bekommt, in denen sie sich ausziehen müsse.

Unser Retter solidarisiert sich mit Zimperlieschen so sehr, dass er das Problem zu seinem Eigenen macht und schnurstracks zum Intendanten geht, um ihm die Leviten zu lesen. Der weiß überhaupt nicht, wie ihm geschieht. Er hätte Zimperlieschen doch extra ihre Wunschrolle gegeben und ‚ausziehen' müsse sich an seinem Theater keine Schauspielerin. Zusammen mit dem Retter gehen sie zu Zimperlieschen. Der Retter traut seinen Augen nicht. Zimperlieschen sitzt amüsiert mit Kaffee und Kuchen auf der Bühnenkante und lacht. Als sie den Intendanten sieht, steht sie auf und reicht ihm ein Stück Kuchen mit den Worten: „Dem besten Intendanten ever." Der Retter versteht nicht, was gerade passiert ist. Auch der Intendant ist irritiert und fragt den Retter, was der Angriff in seinem Büro gerade sollte. Nun rettet Zimperlieschen den Intendanten und behauptet, der Retter würde immer übertreiben. Es wäre ihr schon oft aufgefallen, wie schlecht er über den Intendanten in seiner Abwesenheit spricht, nur, weil er unattraktiv und fett sei. Und schon ist der Retter das Opfer und Zimperlieschen zur Intendantenretterin!

Verstehen Sie, was ich meine? Wie auch immer Sie es anstellen, im Dramadreieck mit einer Narzisse werden Sie immer die oder der Doofe sein (Randbemerkung: Aber auch ohne Narzissen ist ein Dramadreieck ungesund. Alles, was Drama in sich trägt, gehört ausschließlich auf die Bühne oder ins Fernsehen.)

Hilfe für Angehörige, die von Narzissmus betroffen sind

Wenn Sie vermuten, dass sich eine angehörige Person in einer narzisstisch-echoistischen Beziehung befindet und Sie ihr helfen möchten, beachten Sie unbedingt folgende Punkte:

1. Kein Vorwurf. Keine noch so gut gemeinte Manipulation. Kein Druck.

2. Sie haben es mit einem missbrauchten Menschen zu tun, der niemandem mehr traut und sich selbst und seine Bedürfnisse verloren hat. Seien Sie liebevoll und auf keinen Fall belehrend nach dem Motto: „Ich weiß, was du hast." Sie wissen **es** in Wahrheit nicht. Sie folgen Ihrer Ahnung und das ist gut.

3. Versuchen Sie es mit Literatur. Die meisten Betroffenen lesen ihre eigene Geschichte über die Erzählungen anderer und begreifen darüber, was geschehen ist. Sagen Sie: „Ich habe ein sehr gutes Buch gelesen. Das könnte dir auch guttun."

Und dann haben sie es aus Versehen oder aus Begeisterung für den Stoff direkt dabei und vergessen es dort. ;-)

Wenn eine angehörige Person bereits begriffen hat, in welcher Situation sie sich befindet und den Entschluss gefasst hat, zu gehen, dann machen Sie bitte Folgendes, so es Ihnen möglich ist:

1. Seien Sie einfach da. Hören Sie zu, ohne zu bewerten

2. Helfen Sie beim Auszug und beim Verlassen der Narzisse.

3. Nehmen Sie auf gar keinen Fall eine Schlichtungsfunktion ein, sonst geraten Sie zwischen die Fronten und das narzisstische Dramadreieck nimmt seinen Lauf.

4. Grenzen Sie sich klar der Narzisse gegenüber ab. Kein Bierchen oder Käffchen mit der Narzisse, um auch die andere Seite zu verstehen. Lassen Sie es! Sie wären in Gefahr, das Vertrauen der Betroffenen zu verlieren.

5. Stärken Sie die oder den betroffenen Angehörigen.

6. Schützen Sie sich und stärken Sie Ihre eigenen Ressourcen, wenn Sie sich entschieden haben, zu helfen, damit nicht auch noch Sie vergiftet werden!

7. Lassen Sie sich unbedingt von Experten beraten.

Hilfe für Kinder, die von Narzissmus betroffen sind

Wenn Kinder betroffen sind, haben Sie die Pflicht, Ihrem Gefühl zu folgen und konsequent einzugreifen! Narzisstischer Missbrauch ist so schlimm wie sexueller Missbrauch. Psychischer Missbrauch zersetzt Menschen von innen.

Sie sehen diese Gewalt nicht. Sie ist subtil. Seien Sie aufmerksam, wenn sich Kinder Ihnen anvertrauen und unterspielen Sie die Not der Kinder auf gar keinen Fall, sonst treiben Sie diese Kinder weiter in den Missbrauch hinein.

Bei Worten „Mein Papa ist komisch" oder meine „Meine Mama ist schwierig" fragen Sie unbedingt nach, was damit gemeint ist. Kinder haben sehr sensible Antennen. Wenn Sie diese bagatellisieren, verlieren diese Kinder das Vertrauen in ihre eigene Wahrnehmung. Die Folgen sind verheerend.

Auf Folgendes sollten Sie unbedingt achten, wenn Sie mit Kindern aus narzisstisch-echoistischen Elternhäusern zu tun haben:

1. Nehmen Sie ihre Gefühle und Erzählungen ernst.

2. Erklären Sie den Kindern, dass Narzissmus eine Krankheit ist.

3. Seien Sie ein guter Gegenpol zum Narzissmus, indem Sie den Kindern Wertschätzung und Liebe entgegenbringen ohne jegliche Manipulation.

4. Ziehen Sie in hochstrittigen Situationen mit Ihrer Narzisse die Kinder niemals auf Ihre Seite. Das wird die Kinder zerreißen, weil die Narzisse immer stärker sein wird und Sie damit alles verlieren, vor allem das Vertrauen der Kinder, was das Schlimmste wäre.

5. Kinder, die bereits selbst dissoziales Verhalten zeigen, erinnern Sie liebevoll an ihren Empathiewillen.

Die gute Nachricht: Kinder, die von Narzissmus betroffen sind, hilft bereits ein guter Mensch, der ihnen kontinuierlich zeigt, das soziales Miteinander, liebevoller Umgang zwischen Menschen und Empathie kostbare Werte unserer Gesellschaft sind und glücklich machen.

Hinweis: Wir haben das erste Kinderbuch zum Thema Narzissmus geschrieben. Es heißt „Meine Mama ist schwierig – mein Papa ist komisch".

Narzissmus als Gefahr für unsere Gesellschaft

Wir leben in einer Ellbogengesellschaft, in der narzisstisches Verhalten an der Tagesordnung ist. Sich hier und da narzisstisch zu verhalten, um seine eigenen Ziele zu erreichen oder sich auf Social Media in einem besseren Licht zu präsentieren, kennt und machen viele- und es wird mittlerweile toleriert. Wer es aber übertreibt und das auch noch auf Kosten anderer Menschen und diesen willentlich und manipulativ Schaden zufügt, überschreitet die Grenze eines zeitweiligen Verhaltens hin zu einer andauernden Störung. Der Grat ist schmal und die Unterscheidung, wer sich narzisstisch verhält oder narzisstisch gestört ist, wird immer schwieriger. Zudem erleben wir gerade eine Zeit, in der Werte und Ideale schwinden und die soziale Intelligenz verkümmert: Es steht die Selbstoptimierung im Vordergrund! Statt einem sozialen Miteinander steuern wir auf ein soziopathisches Gegeneinander zu.

Damit schafft unsere momentane Gesellschaft einerseits einen Nährboden für Narzissmus und andererseits die Möglichkeit für Narzissen, unbemerkt und ungestört manipulieren und terrorisieren zu können. Wir züchten Narzissmus und damit Menschen mit dissozialer Persönlichkeitsstörung heran. Das bedeutet auf Dauer, dass unser soziales Gefüge und wertschätzendes Miteinander zerbricht.

Auf der anderen Seite nimmt die Zahl jener Menschen zu, die seelisch zerstört werden, die unter massiven psychischen Krankheiten leiden und unfähig sind, anderen Menschen zu vertrauen oder liebevolle Beziehungen einzugehen. Auch sie leben zum Teil unerkannt und unverstanden unter uns.

Die Auswirkungen auf zukünftige Generationen und die Generation unserer Kinder sind beängstigend, wenn wir nicht gemeinsam schnellst möglich gegensteuern und für mehr Empathie in unserer Gesellschaft und ein soziales Miteinander kämpfen.

Strafen für narzisstischen Missbrauch in anderen Ländern

Irland ist eines der ersten und wenigen Länder, in denen psychologischer oder emotionaler Missbrauch unter Strafe gestellt wurde. Seit 2010 ist auch in Frankreich psychische Gewalt in engen Beziehungen strafbar. Die strafbare Handlung wird sogar bis zu einer Höchststrafe von drei Jahren und einer Geldstrafe von bis zu 45.000 Euro geahndet.

In England und Wales wurde die Zwangskontrolle in engen Beziehungen im Jahr 2015 zu einer Straftat. Erst im vergangenen Jahr ergriff auch Schottland eine ähnliche Maßnahme.

Alle anderen Länder scheinen noch auf wissenschaftliche Ergebnisse zu warten, bis sie endlich zu handeln beginnen. Eine traurige Bilanz, wie ich finde. Und es bleibt die Frage offen, wieso so wenig gegen Missbrauch getan wird. Wieso kümmern sich unsere Regierungen nicht mehr oder überhaupt um Betroffene von emotionalem Missbrauch?

Dass eine Krähe einer anderen kein Auge aushackt und sich die Systemkompatibilität von Narzissen positiv auf solche Machenschaften auswirkt, stelle ich einfach einmal in den Raum, ohne es weiter zu kommentieren.

Sind Sie eine Narzisse?

Jeder Mensch ist zeitweise egoistisch und handelt mitunter sogar soziopathisch, um eigene Interessen durchzusetzen.

Entscheidend ist, ob dauerhaft oder in einem für unsere Mitmenschen verträglichen Maß. Wenn Sie Ihr Fehlverhalten oder Ihren narzisstischen Ausrutscher als solchen noch wahrnehmen und sich dafür entschuldigen können, haben Sie keine narzisstische Störung.

Buchtipp: „Der Narzissten-Test" von Dr. Craig Malkin

Der entscheidende Faktor ist die Fähigkeit zur Selbstreflexion. Narzissen haben diese Fähigkeit nicht.

NARZ MICH NICHT – ICH BIN KEIN ECHO

Das beste Gegengift gegen Narzissen: Führen Sie Ihr eigenes Leben voll Freude & Glück! Machen Sie damit unsere Gesellschaft ein Stück liebevoller.